Dédié à tous ceux qui aiment Marseille, ou qui l'aiment moins, pour mieux l'apprécier, elle et la Provence,

A Audrey, A Loïc.

H. RATIER

Cœur
de
marseillais.

“ Prix d’Honneur 2006
concours de poésie de
l’*Académie Poétique et Littéraire de Provence*.”

(textes courts et poèmes libres pour mieux comprendre

l’âme marseillaise et provençale.)

Cœur
de
marseillais.

Les premiers marseillais,

Imagine ce navire grec,
Chargé de futurs massaliotes,

Mille rivages quelconques,
Puis un matin, Cette immense baie,

Illuminée de cette lueur si particulière,
Et dont la limpidité, et la richesse
Leur fait entrevoir, Une cité nouvelle !

Oui, je les vois ! Gyptis offrant la coupe à Protis !
Les Indes, L'Amérique, et l'Orient,

C'est ici qu'ils les ont réunis,
Massalia, Marseille..

J'ai rêvé d'une ville,

J'ai rêvé d'une ville, une vraie,
Pas idyllique ou parfaite !

Mais d'une, où, tu sentirais l'Afrique et l'orient,
La France avant tout et pour tous.

Et surtout, savoir que de cette ville,
Tu peux imaginer sur la ligne d'horizon,

Des dauphins danser,
Ou une caravane de chameaux passer.

Je l'ai quittée un mois,
Et voilà que j'ai envie d'y prendre des vacances ;

Peut-être prendrai-je ce transsaharien,
Que je vois là-bas entrer en gare Saint Charles,

Sur ma ligne d'horizon...

Marseille,

Tes fruits ne sont pas des groseilles,
Mais le mélange des couleurs,

L'alchimie des métaux les plus précieux,
Des biens les plus chers à tes yeux,

Des femmes, des enfants et des hommes,
A qui la bonne mère raconte

L'histoire simple du mistral qui souffle,
Trois, six, ou neuf jours, selon l'humeur de la Canebière.

Le sucre des groseilles n'a d'égal,
Que la saveur d'une vague passant par Marseille,

Comme ça, juste pour voir que la ville est gracieuse,
Comme un lever de soleil, au petit matin.

Chauds les marrons !

Chauds les marrons, chauds !
Mille guirlandes décorent Marseille,

Une voie lactée scintille et illumine
Dame Canebière,

Et les yeux de cette marseillaise,
là, juste en dessous, qui renvoient la lumière
vers une lointaine galaxie.

Marseille à Noël,
Tu brilles au firmament des cités radieuses !

Le chaudron est brûlant, le fond de l'air glacé,
Tes lunettes sont pleines de buée,

Et les marrons chauds réchauffent notre cœur de marseillais.

Le fiston,

Tout marseillais rêve d'avoir un fiston,
En tant que père d'abord,

Et puis pour perpétuer le tout Marseille, Voyons !
Le Fiston ! C'est une longue gestation,

Bien plus longue que celle des mammifères,
Au moins deux générations.

Car un fils ou une fille, c'est le même bonheur d'être père,
Mais après, quand le Fiston est là,

A la pêche ou au cabanon,
Tu te revois grandir,

Marseillais que tu es !

Canebière.

Canebière,
D'un coup de crayon je te redessinerais,
Les truelles ne cesseraient de claqueter,
Les chèvrefeuilles et les arbres fruitiers rivaliseraient
De parfums et de couleurs ;

Tandis qu'une immense place s'offrirait aux marseillais
Venus prendre le frais aux terrasses à tapas.

Les Ramblas et la Plaza Mayor t'écriraient,
Pour te charmer,

Toi la belle des belles tu deviendrais.

Quant à toi, piéton de Marseille, d'où que tu viennes,
Tu me respecterais avant d'avoir l'honneur de me fouler.

D'Alger ou Tombouctou, tu viendrais te déchausser
Au seuil de ma voie lactée.

Alors seulement au merveilleux Vieux port,
Je te donnerais accès.

Senteurs marseillaises,

L'Attique, Le Pélopponèse et la Macédoine,
Y ont laissé quelques senteurs,

Des parfums de lokoums vous indiquent
La direction de Karthoum,

Le tintement des haubans,
Vous rappelle que vous êtes à Marseille.

Mais l'essentiel est dans le bleu du ciel,
Après un jour de Mistral ;

Pas noir évidemment,
Sinon ce sont des nuages chargés d'histoires
De mers lointaines
Qui vous rappellent à l'ordre !

Quant aux senteurs de Provence,
Il faut avoir une maman marseillaise
Comme la mienne,
Pour s'en délecter dans sa cuisine !

Hérons.

Bleu, vert, eau,
Notre univers commun est notre amour,

Couple de hérons,
Entre deux becquées,
D'une tanche ou d'une carpe égarée,

Le vert se dilue dans le bleu,
Nos pattes aiment à sonder la vase,

Nos corps aiment s'enlacer,
parmi le cloaque de l'étang,

Grenouilles, crapauds et libellules,
Témoignent de notre enchantement.

Interrenet,

Circum navigation,
La terre vibre d'ondes électromagnétiques,

Interhomme n'est pas net sur le réseau des surfs.
Ton moteur de recherche trouvera
l'entité que tu cherches,
A condition que tu choisisses les bons mots clés.

La longue vague que tu chevauches ne dure pas une vie,
Choisis bien le tube et n'attends pas qu'elle déferle
Sur tes regrets d'avoir vécu dans un monde virtuel.

Une vague immense fait vibrer Terre,
Vague d'ondes électromagnétiques,

Chimères électroacoustiques risquent de faire de l'homme...
Le dernier signal biologique transmis à l'Univers tout entier.

Circum navigation,
La terre vibre d'ondes électromagnétiques.

HR

La crique,

Bout au vent,
La coque a stoppé son élan,

La crique se défait de la canicule,
Et inspire la brise du soir.

Les aiguilles de pin frémissent pour ce souffle,
Qui libère un parfum résine.

Au loin le soleil rougit
à l'idée de cotoyer Mistral.

Et toi ?
Tu te retrouves ce soir là.

Hommage à Puget..

J'ai laissé couler mes doigts
Sur le blanc de vos marbres,
Les plâtres, n'ai osé toucher.

J'ai abreuvé mon regard
Aux fontaines ruisselantes,
Et celle-ci pleine de grâce,
Je me la dédie,

Je n'ai pas su évaluer
L'immensité de votre génie,
Mais j'ai taillé le marbre et j'ai compris.

De tant d'impudence, Monsieur Puget,
Je vous en prie, Pardonnez moi.

Un marseillais au Portugal.

La fougue et la fierté,
Le noir et le bleu océan,

Pas du tout ensablée, mais belle à imaginer en sirène,
A Baléal j'ai vu le Portugal.

Une chapelle grande comme un mouchoir de poche,
qui te retient en son Chœur,

En contrebas,
les casiers à langoustes t'appellent à partir en mer,

Sur le champ, ou pour Pampérigouste,
A Baléal j'ai vu le Portugal.

Ma chère école,

Un petit chemin mène à toi,
Tu sais bien, ce fameux chemin des écoliers !

De septembre à juin, changent les saisons,
Mais je te reste fidèle, toi, mon école chérie.

Les consonnes, alphabet sans voyelle,
S'entrechoquent, trébuchent parfois,
Mais ne manquent jamais à l'appel.

B, C, Décevant de sauter le E pour passer au F,
Je préfère danser avec les voyelles pour réciter l'alphabet.

Ma chère école, tu résonnes encore,
De l'écho de mon enfance.

Tel un oiseau migrateur, je suis allé,
Mais c'est vers toi, qu'à l'aube de mes derniers regrets,
Je reviendrai.

Ma chère école, tu as peu changé,
Peut-être une façade, une paire de volets,
mais ton âme profonde reste inchangée.

Et je repense à ton entrée,
Pleine de cris et de pensées,
Et à mon « Instit » aux yeux sucrés .
Ma chère école, je m'en vais,

Sans avoir su vraiment t'aimer.

Un marseillais à Salamanque,

Des conciliabules de noctambules
Parsèment la Plaza Mayor.

Telle une salamandre ornée de jaune et de noir,
Une jeune Flamenca est là, fière et belle à la fois.

La nuit hésite encore, entre moiteur et fraîcheur,
Alors qu'un luth moyennageux gratté au ventre,

Nous octroie son ancienne musique salamenca,
Et le chœur d'hommes barytonne.

En quelques pas, au hasard,
Salamanque se dévoile belle, et étale sa culture,

La nuit est doucement fraîche maintenant,
Un couple de salamencais rayonne d'élégance,

A la terrasse du café, la barette de cravate, en or,
Renvoie l'éclat d'une étoile encore inconnue.

Mille années lumière suffiront-elles à taire
Les conciliabules Plaza Mayor ?

Hoy ! Caffé con leche, Señor, por favor !

Soleil couchant.

Un coucher de soleil pourrait paraître banal,
Depuis tant et tant de redondances,

Un soleil couchant, c'est l'astre au cœur de l'action,
Râ auréolé d'or qui ôte sa couronne,
Avant d'éclairer les hommes de l'autre côté.

Mais c'est au Portugal,
Qu'il m'a vraiment fait entendre l'appel
Qu'il avait lancé à Cortès et Vasco de Gama.

Tel une boule de feu
Qui incendie l'esprit
Et qui t'invite à partir découvrir son écrin,

Oh ! Râ ! Je comprends qu'ils t'aient suivi.

Saints marseillais !

A Amiens,
Un roboticien me dit être
De Saint Anne

A Pékin,
Un informaticien m'avoua
être né à Saint Julien,

Mais c'est à Boston,
Qu'un grand patron me dévoila
Venir de Saint Mauront.

A Rio,
Le brio d'une star s'avéra
Avoir illuminé le Pharo.

Quant à Turin,
C'est notre milieu de terrain
Qui mène le monde.

Mais, dis moi, tous ces saints !
Des quartiers marseillais bien sûr !

Sans oublier ce chirurgien américain
Mais issu de Saint Just.

Rêve équatorial.

Toucan, t'as tout compris ;
Ton bec jaune tranche
Sur le vert émeraude.

Ton claquetis déclenche
Le foisonnement des bruits,

L'humidité s'intensifie,
Tandis que l'orage gorge
Ce paradis vert de l'eau mère.

Oxygène et Chlorophylle
Se dandinent dans chaque molécule
De cet univers grouillant de vie.

La rentrée,

La trousse est pleine de couleurs,
Du rouge à l'indigo bleu,

La boîte de crayons étincelle,
Et fait entendre son bruit métallique.

Pébéo, est une marque de peinture,
Qui sonne comme
Un alphabet presque su.

Le double décimètre
N'entre pas dans la trousse,

Mais les projets
S'y bousculent déjà.

L'odeur d'alcool à brûler
N'est pas dissipée,
Et les bureaux brillent encore.

Au fond de la classe point de cancre,
Juste un élève étourdi
Qui a oublié de rentrer
Pour quelques instants encore.

Dauphins,

Deux dauphins jouent et rient
Au large d'Ipanéma ;

Soudain, l'un deux aperçoit au loin
Le vieux pêcheur tomber de sa barque.

Maintes apnées dans le bleu profond
Ne suffisent pas à sauver le vieil homme.

Durant des nuits, les dauphins
Appellent l'âme du pêcheur ;

Depuis, au crépuscule,
Trois dauphins dansent au dessus des flots.

Au large d'Ipanéma,
Rient et jouent trois dauphins.

Mérou.

Un cirque sous-marin
Se déroule quinze mètres sous mes palmes.

Vide semble-t-il,
Vide ? Allons voir !

Mon intrusion près d'une caverne
Déclenche la vie, la ronde de dix mérous

Qui envoient un messager venir mirer
Mon visage d'homme prédateur.

Ce ballet familial me pousse
A m'excuser de mon intrusion,

Le harpon reste muet.

Je retire mon masque sur les galets chauds.

Mérou, tu es beau sur fond bleu.

La Rascasse.

La liche et le mérou ont pratiquement
Disparu de nos côtes,

Mais heureusement, la rascasse résiste ;
Une bouillabaisse sans rascasse !

Et Marseille baisse le rideau,
Stoppe la pétanque,
Et paye la gabelle aux suzerains parisiens !

Non, heureusement, tôt le matin,
Le poissonnier peut encore présenter
Sa palette de rouges carmins à violacés,

Son épine dorsale bien dressée vers le ciel,
Comme pour dire
« D'accord ta soupe sera bonne »,
Mais je vendrai chèrement ma peau !

Une rascasse, un Saint Pierre, du grondin,
et du congre, du loup c'est dommage,

Ah ! Et la vive !

Et tu t'installes à Marseille......
Pour toujours......!!!!

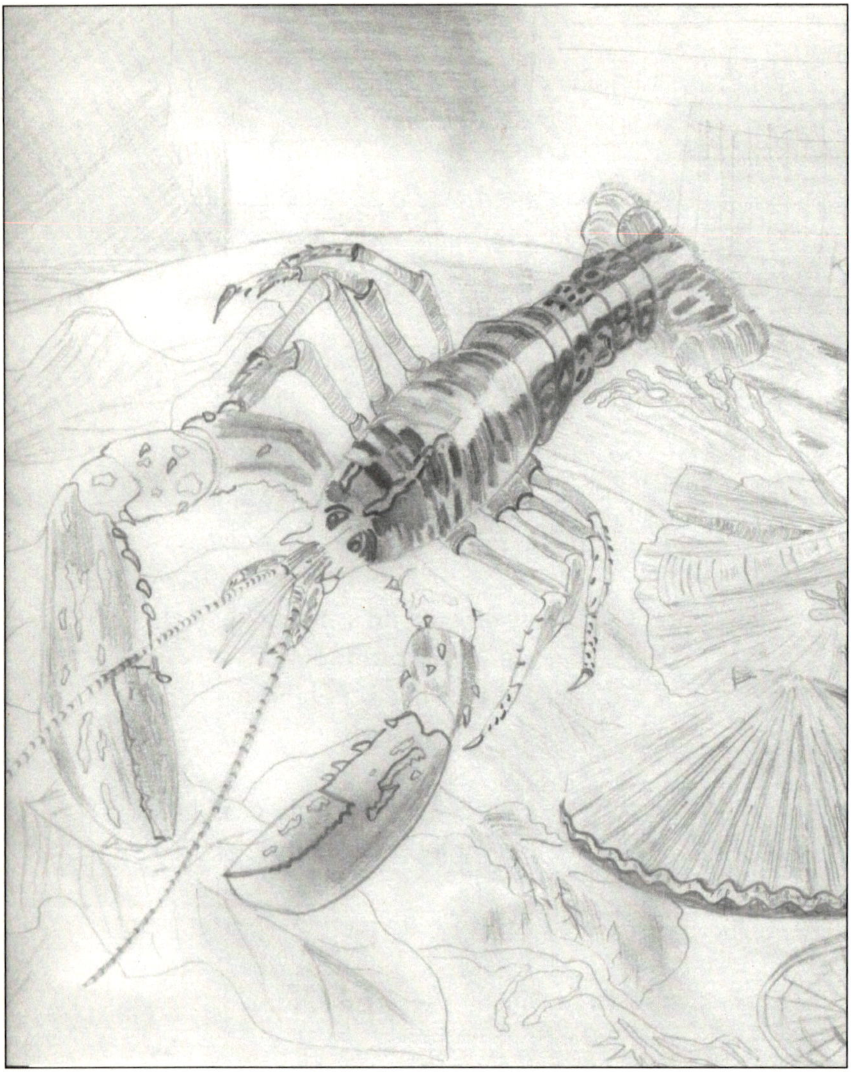

HOMARD !

Mains glacées et ciré jaune,
Bottes vertes et rire aux lèvres,

Tu tires les rêts pleins de homards,
Le creux frôle les six mètres.

La coque craque et siffle,
Les gerbes d'eau giflent le pont,
Et ton corps de pêcheur du large.

Frimas de janvier ou couchant de Juillet,
Tu ne choisis pas, Homard n'attend pas.

Mordorés de bleus verts et jaunes,
Ruisselant de gouttes et claquant du corps,
Homard ne déçoit pas.

Ton trésor, ce sont ces matins brûmeux,
Ta richesse, ces embruns que tu hâles,

Pêcheur de homards, tu sais,
Homard, tu te soumets, !
L'assiette qui m'est servie « au Poisson d'avril »
Me ferait-elle rêver ?

Sans titre

Un pouce, un index,
D'un être gigantesque,

Suffiraient à commander
la rotation de la terre,

Mais l'ombre portée
Ferait fuir des myriades d'oiseaux
Vers le soleil,

Et leurs cris chasseraient la diversité
Qui nous anime.

Rires et pleurs s'allieraient
En une moue simiesque,

Tandis que les fleurs
connaîtraient leur dernière éclosion.

Les calanques

J'ai nagé au creux d'un fjord
Presque norvégien,

L'eau bleue « menthe glaciale » m'enchanta,
Le blanc des falaises éblouit tes grands yeux verts,

Au loin une île sauvage,
Havre d'oiseaux de mer,

Au large, tels des icebergs grisés,
Riou et Maïre,
Une cabane de douaniers désaffectée ;

Aucun norvégien à l'horizon,

Juste des cabanons pas abandonnés,
Et la grande candelle qui éclaire nos vies.

Le Printemps.

Un big bang à lui tout seul,
Le jour de la création assurément,
Le Printemps est là.

Saison de l'origine du monde,
Vous pouvez imaginer vous réincarner
En Jonquille ou en rhododendron ;

La moindre fourmi prend une importance démesurée,
Et il n'est qu'a découvrir un nid dans un buisson,
Pour que les piaillements vous transportent
Aux origines de la création.

Reine des saisons, Roi de l'amour,
Le ballet d'éclosions qui l'accompagne
Crée les conditions du bonheur éternel.

Ne vous posez pas tant de questions,
Vivez le printemps qui est là,
Au creux de votre main,
Au détour de votre cœur,
Prêt à faire de vous,
L'être unique qui va changer le monde,

Voilà, Le Printemps est en vous.

AUTOMNE,

Feuilles caduques,
L'été quitte le sable refroidissant,

Et l'automne présente les tendances de cet hiver ;
Les tons seront chamarés cette année.

Le chaudron de cuivre a gardé les traces de marteau
Et donne du goût aux confitures.

L'empreinte de ton souffle chaud
A marqué ma peau,

Automne chasse les baisers de la Saint Jean.
L'équinoxe amplifie le flux des souvenirs,

Le reflux, lui, obéit à notre lune,
Les grandes marées sont là-bas, vers l'ouest,

Alors qu'ici le marégraphe reste imperturbable.

Pas encore de repas chaud
Pour les sans domicile fixe,

Il ne fait pas encore assez froid.

Feuilles caduques,
Platanes et micocouliers commencent à avoir froid.

Bzz...bzz...
Le lavandin.

Un essaim d'abeilles piquées au vif,
Butine un champ de boules de fleurs violacées,
Oscillant au gré du vent,

Communément appelé en ces terres,
« Champ de lavande de Provence. »

Ici, à Valensole,
Tout se fait en sol majeur ;

Un bourdonnement orchestré
par une abeille chef d'orchestre,
Fait vibrer la haute Provence.

Le plateau de Valensole frôle les quarante degrés.
La récolte du lavandin ?
C'est pour demain matin !

Pas de plaisantin par ces températures,
L'air brûlant sublime les essences volatiles
Comme dans un mirage olfactif.

L'alambic finira bien par condenser
Quelques fines essences,
Pour que chacun, dans un flacon,
Emporte un peu de ces scènes de vie,

Et se délecte des nectars de ces hautes terres,

....appelées Haute Provence..Bzz...bzz....

L'embouteillage.

Oh fan de chichourle !
Cet embouteillage !

Pas un parisien n'y résisterait !
Et moi de Marseille, je résiste !

Certes la Bonne Mère régule ma tension,
Certes j'ai les catalans en face !
Mais des voitures embouteillées à ce point !

Ma parole ! Ils se sont tous arrêtés à Endoume,
Pour regarder le soleil rougir !

Enfin ! À Marseille on résiste
Parce qu'un embouteillage

C'est avant tout parisien !

Le cirque débarque à Marseille,

L'affiche est trop belle,
Des tigres et un énorme éléphant,

Le clown blanc me fait un clin d'œil
Et les pop corns crépitent déjà ;

Sucrés ou salés,
Les numéros se succèdent,

Le fouet claque,
Et les rires encouragent le chimpanzé pressé.

Le trapèze n'est pas trapézoïdal
mais angoissant vu d'en bas.

Les cœurs d'enfants palpitent,
Alors que les parents se revoient là,
Une pomme d'amour à la main.

Le cirque vibre au rond-point du prado.

Stéréotypique.

Une ville engendre des stéréotypes,
L'étranger y trouve un raccourci,
Le touriste les recherche,
Le journaliste les exploite,
Les politiques font avec,
Les décideurs en sont influencés,
Ici, les marseillais
ne s'y reconnaissent pas souvent.

L'histoire reste.

Papi est né au Panier
Sa mère y est venue d'Italie,
Le chinois d'en face est devenu commissaire,
Le petit d'en dessous a mal tourné.

Tout ceci ne change pas
La recette du chichi Frégis
Ou la place de Notre Dame de la Garde !

De l'Estaque à Morgiou
Il est des gens bien ou comme il faudrait pas,

A Marseille comme ailleurs,
Les hommes passent,
L'histoire reste.

Les marseillais.

Entrevus d'ailleurs,
Le stéréotype domine,
Dévastateur et trompeur.

Grand assimilateur de cultures,
On lui dénie le droit d'être cultivé ;
Rarement pédant, souvent rieur et fier,

Il n'en est pas moins travailleur.

La ligne d'horizon l'apaise,
Et dissippe ses tensions,
Un coucher de soleil sur Ivry l'a marqué,
Il ne recommencera pas.

La partie de carte,
Il la laisse au passé.

Un bateau est toujours prêt à prendre le large
pour essaimer ses projets.

L’Europe,

Le kaléïdoscope est activé,
Mille couleurs se croisent
Et complexifient notre vision du monde,
Napoléon, Monet,
Illustres autres hommes, ou fous criminels,
ayant tenté de la créer dans le sang.

Marseille s’inscrit dans le projet,
Pas finis les pastis en coin de table,
Mais le laser et l’Eurosud guident nos pas.

Aux armes culturelles citoyens...
Formez vos bataillons,
Marchons, marchons,
Et qu’un dessein pur baigne nos sillons.

Le vélodrome,

Une arène ?
Un peu, mais sans mirmillon ni fauve ni thrace,
Non, après tout celà fait trop gladiateur !

Un théatre antique ?
Peut-être, avec ce qu'il faut de dramatique.

Une enceinte ?
Plutôt oui, vaste,
Aux belles courbes douces telles celles d'une femme.

Un stade ?
Mais oui ! Au sens le plus pur,
Celui de l'olympisme !

L'émotion ?
Totalement, de soixante mille cœurs
Qui rebondissent au gré des actions !

Le vélodrome, en somme, tout simplement !

Sensiblement différente.

Marseille est sensiblement différente,
Sensible aussi,

L'acception est large et invite aux déclinaisons.
Certains quartiers confirment,
Il est vrai que l'émotion existe,
Des rires, des pleurs d'enfants,
Parfois le désarroi des parents.

Une colonne parfois des pages de faits divers,
Le système urbain fonctionne,
Avec ses joies , ses peurs, ses émotions.

N'y aurait-il que Marseille qui soit sensible ?

Les parisiens.

Ce sont de braves gens !
Soit des purs de la butte,
Soit des gens de la Province
Partis y travailler.

Des courageux ! Sûrement !
Car les pauvres ! Vivre à Paris il faut le faire !

Des braves aussi comme on l'entend chez nous
Peut-être un peu aussi !

Quand on confond le cagnard avec un palmipède,
que voulez vous !

Ici ça fait rire !

Les marseillais exagèrent,
Je sais aussi qu'il y en a des attachants !

Nos gueules noires.

Le carreau de mine est en deuil.
Nos gueules noires ne battront plus le carreau,

Ces visages francs et cordiaux, barbouillés de noir,
Ne nous regarderons plus à la lumière des lampes sans étincelle.

L'ascenceur ne descendra plus à mille mètres,
profondeur à laquelle,
La houille attendait son mineur.

Point de grisous,
La salle des pendus ne retentit plus du cliquetis des chaînes,
hissant les paniers chargés de fringues,
tels des épouvantails, attendant le chant des corbeaux.

Chaque jour était une aventure,
et dire qu'il y a des passionnés de spéléologie !
Combien d'âmes en peine !
Un cœur d'homme vaut pourtant bien un cœur d'anthracite !
Le cœur d'un mineur palpite-t-il à la fréquence d'un quartz ?
Ou est-ce le cœur de la terre qui le fait battre ?

La fraise de front de taille ne se posait pas de question,
« Le charbon est là, je le dérobe à cette terre quaternaire,
qui nourrit mes hommes ici là. »
Le puit numéro 2 est triste,
De ne plus revoir ses gueules noires,
Elles ne sont plus barbouillées de noir !

La boulangère.

La boulangère, gère,
Elle a dans sa vitrine des miches de pain,
brioches et pains au chocolat,

Les vitrines brillent et présentent,
Bonbons, macarons et sucres d'orge,
En veux tu en voilà !

La boulange n'attend pas,
Une bouffée de chaleur vient du fond de la boutique
Où Monsieur officie.

Lacérant mille baguettes au petit matin,
Le jaune d'œuf dégouline du pinceau,
Et la fournée croustille d'avance,
La cuisson même pas terminée.

Ce que je préfère chez ma boulangère :
Ce sont ses croissants chauds,
et ses baguettes du matin !

Et bien sûr l'odeur de la boulange qui embaume la rue !

Il est beau le mimosa !

Ses fleurs semblent être jaune fluorescent,
mais sont bien plus que celà !

Ses branches dégringolent de soleil,
De lumière, et d'éclats,

Mimosa de février, tu es bien là,
Car le soleil t'a chargé en messager,
de claironner l'arrivée du printemps
Deux mois auparavant.

Quel effronté ! D'éclater ainsi
De mille sphères jaune vif,
Faisant pâlir encore plus le décor gris environnant !

« Grisaille ne connais pas, seules mes fleurs d'or
et d'éclat égayent cet hiver déjà trop long pour moi ! »
« Je crains le gel et le frimas, mais la chaleur
de mes fleurs remplace un peu ce soleil évanescent. »

Couvre toi bien mimosa,
les nuits sont bien trop fraîches pour toi.

Cristal de neige.

Toi, cristal de neige,
Si fragile et puissant à la fois,
Capable d'irriguer une vallée
Où d'anéantir une cordée ;

Ta structure cristalline est digne
D'une oeuvre d'art,
Ton architecture te permet
De contenir plus d'air que d'H2O,

Mais allié à des milliards de clones,
En avalanche tu te transformeras.

Cristal de neige,
A la fonte des neiges tu disparaîtras,
Mais profites bien de ta jeunesse,
De jeune cristal effronté.

Deux marmottes et marmottons.

Deux marmottes radotent à l'orée de leur terrier,
Et hument l'air de leur museau pointu.

Point de salut pour tout intrus qui se hasarde
A moins d'un hectomètre,
Marmottes et marmottons ne supportent pas d'intrusion.

Seuls les lys martagon, et les colchiques des prés
Ont grâce à leurs yeux.

En contrebas, le torrent roule mille galets
Dans une ambiance de début d'ère.

Sautant, fixant, humant,
Leur repère les met à l'abri
Des serres de l'aigle tournoyant.

L'hibernage ne les a pas épargnées,
La taille est fine, elles ont bon appétit.

Tout ce qui passe par là fera un bon repas,
Attention aux graines de Génépi !
Qui sait si elles ne tournent pas la tête !

Au revoir Marmottes et marmottons,
Serracs de glace et rochers de granit
agrémentent votre jardin alpin secret.

Bataillon,

Le bataillon est à l'image de son écusson,
Tissé de mille fils serrés,
Les uns aux autres, étroitement liés.
La vie de chacun en dépend,

Sous le casque rutilant, un visage,
Un homme à l'esprit marqué au fer brûlant.

Chaque instant, sous des airs d'homme impassible,
Les images défilent,
Une hâche qui ouvre une voie,
Un enfant sauvé dans les bras,
Une poutre enflammée tombant sur le parquet.

Et l'eau et le feu qui se mêlent
Dans une scène infernale
D'amour et de haine incestueux.

Au bout de la nuit le trépas ou la vie.
Point ne sert de penser au lendemain,
Ici, l'unité de temps est la seconde de vie.

Bataillon tu sais aussi être gai
Car tu connais le prix d'un jour de vie.

Mes respects, bataillon,
Citoyen, je te dois souvent la vie.

Le roi Mistral.

Qu' un vent catabatique souffle sur l'Antarctique,
Et nul n'y survit trois jours durant.
Les Quarantièmes rugissants n'épargnent jamais les naviguants,

Mais une fois dans votre vie,
il faut vous tenir droit, face à un certain vent...
Essayez donc de lui tenir tête, et vous plierez ou cèderez.
Le Mistral n'a point d'égal dans cet hémisphère,
Pour balayer le ciel, purifier les âmes, et rendre fiers
les autochtones d'appartenir à cette terre et cette mer,
dominées périodiquement, par ce vent dominant.

Beaucoup se calfeutrent, d'autres se régénèrent
Au contact de son souffle,
L'air, les vagues, les arbres et les êtres vivants
Rythment leurs vies en fonction de lui.

Par temps de mistral, une vague voit sa crête écrasée
et pulvérisée en milliers de gouttes d'eau,
Projettées dans l'air tourbillonant ; Elle ne déferlera plus,
Sous la puissance et le joug de ce souffle intransigeant.

Même sous tourmentin, le voilier reste couché,
Et n'a d'autre issue que de fuir, où essayer de se mettre à l'abri.
A l'instar de ces voiles, votre lessive, Madame,
sèchera ou s'envolera en moins de temps qu'il n'y paraîtra.
C'est tout jeune, que j'essayai, sous Le Corbusier,

De m'envoler en levant ma parka au dessus de mes bras,
Et je m'imaginai cotoyer les goélands et les fous de bassan,
Frôlant les vagues quelque part dans les Quarantièmes rugissants.

Mais que Le roi Mistral se lève ou décide de se coucher,
C'est comme si vous étiez son courtisan,
Vous êtes invité à la cour du roi,
Et son souffle, dans toutes les Boûches du Rhône, vous touchera.

PANNE ST LEON
INTERDIT AU PUBLIC

Notre Dame De La Garde.

Je naquis dans une ville
Où la sainte Vierge en personne
Veille sur ses administrés.

D'où qu'ils viennent,
Ils l'aiment, car elle brille comme un phare
Plaqué de mille feuilles d'or.

Il paraît qu'elle est la mère de Jésus,
Mais pour tous les citoyens de cette ville,
Elle est Notre Dame De La Garde,
Et la religion n'a rien a voir la dedans ;

Car cette ville abrite des dizaines de religion,
Et que pour chacun, elle veille sur toutes les âmes,
En tant que « Bonne mère ».

Allez y par un jour de Mistral à «Notre Dame de La Garde »,
Et vous en reviendrez tout chamboulé ;
D'abord par les rafales de vent,
Mais surtout par les 360°
D'où vous ferez la vigie,
En quête de quelque pirate venu des caraïbes,
Où sorti de nulle part.

Dans la basilique, tous les marbres du monde,
Ne vous laisseront pas ......indifférents,
Et c'est en priant sous une ogive vouée aux ex-votos,

Que vous vous trouverez un lointain parent marin pêcheur.

Mais dans tous les cas, n'oubliez surtout pas,
Que les marseillais vivent sous les bons Auspices
De Notre Dame de La Garde.

Et qu'il en soit ainsi.

Le marécage.

Tout près, la complainte d'un lamentin, se fait entendre,
Dans les eaux peu profondes d'un marécage des Everglades:

« Jadis, l'eau limpide était mon univers,
Et la pureté de l'air n'est plus que chimère ! »

Une grue échassier se complait à draguer la mangrove,
En quête d'un gardon mordoré.

Quelques aigrettes, toutes de blanc immaculé,
Dansent un ballet d'opérette,
Ballet nuptial en fait, car cet oiseau ci
convoîte cette belle là.

Quant au crocodile,
Il n'est plus crédible, car dans tous les cas y ment.
CAÏMAN patibulaire !
Avec ses deux rangées d'énormes dents !
Un alligator en frémirait la nuit durant !

Le marécage est en émoi,
La mangrove susurre un air de groove,
Et les lucioles balisent de leurs vertes lumières fluo
L'atterrissage des coléoptères de retour de mission :

Le Mississipi est sorti de son lit.

Cette ville me rend fou !

Cette ville me rend fou,
De joie, de bonheur, et de chagrin à la fois.

Elle est extraordinaire et décevante à la fois,
Je ne suis pourtant pas très exigeant,
Mais quand même, elle pourrait être plus coquette.

Plus de couleur aux joues, un peu de fard à paupières,
Elle a tant d'atouts pour elle :
Des contours de rêves, une baie comme à nul autre pareil.

Son décoletté qui mène droit au bassin...de carénage,
En a fait chavirer plus d'un.

Et pourtant, elle reste insaisissable.
Dès qu'on arrive, le tourment nous saisit,
Que penser d'elle ?
Quel genre a-t-elle ?

Rebelle ou facile à conquérir ?
Androgyne en bleu de travail,
Elle est plutôt bas résille le soir venu.

Souvent brute de décoffrage, elle reste toujours attachante.
Tout le monde se presse auprès d'elle, pour en profiter,
Mais en échange elle ne reçoit qu'ingratitude.

Tu es belle de tes atours et du fond de ton âme,
Et il y a tant de cœurs qui palpitent pour toi !

Marseille, tu me rends fou,
Car je n’ai pas su te conquérir.

Des larmes de Latex.

La forêt est en pleur,
Des larmes de latex coulent en Amazonie,
Et nul ne vient la consoler.

La vie, l'amour, et l'Eden qui lui étaient dévolus
Seront bientôt conjugués à l'imparfait.

Les sarbacanes et les indiens qui vont à leur extrémité,
Seront bientôt rangés dans les albums de photos sépias,
Et rien n'y pourra rien changer,
Car l'homme est en marche vers sa destinée.

Pourquoi ne pas goudronner le terrain
Sur lequel coulait l'Amazonie ?
Ou laisser brouter des bovidés ?
Ou encore en faire un immense terrain de football ?

On garde le fleuve, on coupe les arbres,
on déporte les êtres vivants !
La forêt est en pleur,
Des larmes de latex coulent
dans ce qui reste de la forêt amazonienne.
Il est déjà trop tard pour la consoler.

La canopée est bien triste, de perdre ainsi ses insectes préférés ;
Le secret des plantes sera bien gardé,
La forêt le cachait, en attendant le jour sacré
De guérir l'homme malade,
Et ne le dévoilera donc plus jamais.

Des larmes de latex coulent dans la forêt d'Amazonie,
Et l'esprit des chamanes plane sur celle ci.

La colombe de la paix.

La colombe de la paix s'en est allée,
Dans un envol désabusé,
Loin des hommes et de leur cupidité,
Epuisée de ne pas parvenir à les convaincre,
D'arrêter toutes vélléités.

« Le cœur des hommes ne bat plus
Au rythme de la vie,
Mais à celui des idées sombres qui hantent sa destinée.

Il n'en finit plus d'aimer son prochain dans ses rêves,
Ou ses cauchemars secrets,
Et de le haïr davantage chaque jour que Dieu fait.
Le sang coule dans ses veines
Et préoccupe ses pensées,
L'homme rêve de vengeance,
Et de drapeaux parfaitement pliés,
Sur les dépouilles d'enfants soldats.

Une langue, une terre, ou une religion
Serviront toujours de prétexte parfait
Pour justifier sa funeste destinée.

Tant d' autodafés ! Tant de mères et de veuves éplorées ! »

La colombe de la paix,
S'en est allée, au delà de la terre des
Hommes, où elle ne peut plus s'abreuver.

Un jour, elle reviendra, c'est sûr maintenant.

Le Chemin,

Ce fut un long chemin,
De ceux dont on ne revient pas,
Et dont on sait qu'au bout viendra le trépas.

Une croix sur le dos, et une couronne d'aubépine,
Le voilà bien arnaché jusqu'au Mont des Oliviers.

Tant de stations, et tant d'arrêts,
Pour la rédemption des pêchers des hommes,
Des oliviers pour témoins,
Des hommes et des femmes pour la compassion ou l'indifférence.

Chaque pavé se souvient de ses pas
et des battements de son cœur.

Tout là haut, l'acier froid des clous ne supplantera pas la foi.

« Simple prophète ou fils de Dieu,
Qu'importe, qui vous pensiez qu'il fut ! »

« De quelque religion que vous soyez, ne vous battez donc pas !

Ce chemin là, il ne le refera pas deux fois ! »

Un point c'est tout.

Le point est la plus petite unité géométrique,
Mais à y regarder de près,
Cà pourrait être un univers tout entier.

Un point c'est tout dit-on parfois,
Mais grossi cent mille fois,
Ce petit point devient gigantesque
et pourrait abriter une galaxie.

Notre terre vue de très loin ressemble à un point...
C'est tout mais ce n'est pas rien,
Tant d'hommes, de femmes et d'enfants,
d'animaux... d'endroits de vie..

Du neutron à l'atome, au virus à un être vivant....
On bascule de l'infiniment petit à l'infiniment grand...

Mais tout ceci, selon le point de vue duquel on se place,
N'est après tout qu'un point....
C'est tout ...et ce n'est pas rien !

Bon et Marseille dans tout ça ?
Ne le dit à personne : « C' est un microcosme gigantesque. »

Prométhée et Galathée.

J'ai jeté une poignée de sable bien au dessus de toi,
En espérant que chaque grain se transforme en une brillante étoile
Et atteigne les confins de l'univers.

Je t'ai imaginée chevaucher cette voix lactée,
Assise en Amazone sur un étalon doré.

Tes cheveux d'argent coiffés par les mains de ce berger,
Vivant, paraît-il, sur cette étoile éponyme,
Nous indiquant précisément le nord.

Une galaxie s'est formée de ces quelques grains de silice,
Prométhée ou Galathée, je ne me souviens plus de son nom,
Mais je suis sûr d'une chose : Je t'aime pour l'éternité.

Une vie de planète n'y suffirait sûrement pas.
Une pluie de comètes a saupoudré nos vies,
De cet indicible goût d'éternité.

Et l'univers a beau être infini,
Il n'est rien face à la profondeur de ton regard,
Et à son immensité.

Dans tes yeux, j'ai vu dix univers, trois galaxies, et une voie lactée.
Tes fins cheveux de soie flotteront encore longtemps pour moi,
Dispersant chaque grain de mon être,
Au delà d'horizons intergalactiques encore inconnus.

J'ai lancé deux poignées de sable blanc bien au-dessus de nos têtes,
Prométhée et Galathée se sont alors formées…pour l'éternité.

Mon Taxidermiste préféré.

C’est au détour d’une ruelle,
Lors de sa simple promenade quotidienne,
Que mon chien fidèle se mit à l’arrêt,
Effaré par le spectacle qui s’offrait à lui.
Il me conduisit ainsi, aux confins étranges de ma ville préférée.

Je découvris ce soir là, qu’à Château Gombert,
Il y a un taxidermiste,
Comme il y a un boucher et un boulanger ;

Sauf que chez lui, ça sent l’emboucané, la peau tannée,
Et l’animal d’Afrique mal lavé.

J’exagère, Il est sympa mon taxidermiste,
Tel un oracle de la Grèce antique,
Révélant les augures à ses clients,
En lisant dans les entrailles de leur animal préféré,
Comme à livre ouvert.

Son éminente fonction, le rapproche de ces prêtres égyptiens
Momifiant leur pharaon et son chat sacré pour l’éternité.

Il n’est qu’à rentrer dans sa boutique,
Pour que tous les sens soient en arrêt ;
Une faune pétrifiée, faîte de sangliers, gelinottes, tête de buffle,
Et autres animaux en trophée,
Dédiés à quelque chasseur égaré ou pris de mégalomanie.

Marseille, tu ne cesseras donc jamais de m'étonner ;
Quittant l'arrêt, mon chien, allez savoir pourquoi,
Pris subrepticement ses jambes à son cou, rue du Quiadou.

Kaï…Kaï………………………………

Sans titre

Trouvez moi une jonque chinoise ou un albatros blanc,
Qui m'emporte entre ses ailes,
Vers des nuages condensés ou des horizons incertains.

Que les encens de toutes les Indes se consument,
Au fil de nuits incandescentes,
En attendant le point du jour.

Que le soleil ne brûle plus les ailes d'Icare,
Lui, qui dans son rêve fou,
Ne faisait que répondre à l'appel de l'astre rayonnant.

De toutes les beautés de la terre,
Qu'irise la lumière habitant chacune d'elle,
Dans un flamboiement de couleurs et de lueurs extrêmes,

Que la rivière souterraine m'entraîne dans ses tourbillons,
Ne m'effraie pas outre mesure,
Une apnée dans le bleu profond m'a toujours fasciné.

Je suivrai les brumes d'encens qui enivrent l'air ondoyant,
Et peut-être trouverai je un jour l'albatros
Qui m'emmènera vers d'autres terres,
Avant de croiser près du paradis blanc.

Et enfin, seulement en fin,
Que le vert de tes yeux m'autorise à contacter le passeur,
Pour aller bien au-delà du Styx,
Bien au-delà de nos rêves.

Soir de match,

La ville est en ébullition,
Car un événement se prépare, bien plus important,
Qu'une communion, un mariage, ou un enterrement :
L'Olympique de Marseille joue en ses terres,
Sur sa pelouse de prédilection.

Sur cette terre où une certaine marseillaise veut qu'être citoyen,
Passe par une victoire, mais pas comme le dit l'hymne :
« qu'un sang impur abreuve nos sillons. » voyons !.

La réalité est toute autre et le spectacle se limite à un jeu de foteballe.
Quelques chopes de bière ont peut-être bien éméché
les visiteurs d'un soir, quant aux supporters locaux,
le pastis ne coule plus à flot, depuis que la juridiction de
Monsieur S enlève de multiples points
à notre carton rose préféré.

Quelques fanaux balisent le Prado de leurs claires lumières,
qui devient une piste d'atterrissage
pour les cohortes de supporters en goguette ;
Les drapeaux multicolores bleu ciel et blanc brassent l'air de la ville,
Produisant sur Marseille, une aérologie que ne renieraient
pas des cervolistes éclairés.

Les baraques à kebab ne désemplissent pas,
Il est vrai qu'une merguez à l'harissa,
Met dans l'ambiance d'une soirée réussie.

Les portes s'ouvrent, le stade est plein de couleurs,
Les ballons bleus et blancs claquent à foison,
Sur un fond indescriptible de banderoles ondoyantes,
Tout ceci sur un fond musical mélangeant les chansons,
Et les airs de supporters.
Il ne reste qu'à vivre ce match tant attendu depuis lundi,
Jour de début de semaine où le labeur le dispute
Aux pensées d'avant match, « Allez l'O.M » et bis répétitat,

Que notre équipe l'emporte, nous méritons bien ça !

J'ai eu de la peine……

J'ai eu de la peine pour un homme en noir fluo,
Affublé des pires noms d'oiseaux,
Seul qu'il était dans l'arène,
Face à une ville toute entière,
Contre lui retournée.

Il faut dire que sa faute était terrible !
Siffler un coup franc, alors qu'il n'y était pas !
Le gibet ou le couperet n'y suffiraient pas !
Vue l'outrecuidance des faits contestés !

Ce n'est bien sûr pas le jeu de paume,
Où les bonnes manières et l'entregens régissaient
Les relations entre belligérants !

Mais tout de même « ho hisse enfoiré ! »
Eut mieux valu, à ce que j'ai entendu,
Et que Gomorrhe, elle même, eut déploré.

Point de salut pour l'homme en noir fluo,
Dont la robe rappelle ces taureaux andalous,
Qui s'épuisent, dix banderilles plantées dans le dos.
Le trophée qui marque la fin de corrida n'est heureusement
pas exigé, Mais vraiment, ce combat là, est trop déséquilibré.

L'habit de lumière, il ne le revêt, et c'est dommage,
que lorsque l'équipe locale emporte les débats.

J'ai eu de la peine pour un homme en noir fluo….

Marseille s'éveille,

Marseille s'éveille,
La Canebière clignote des dernières lueurs de la nuit,
Le Préfet n'est peut-être pas encore levé,
alors que mon cantonnier remplit déjà son office
dans son habit jaune fluorescent ;

Telle une cascade d'eau fraîche, la bouche d'eau régénère la ville,
Sur le point de s'éveiller à un jour nouveau :
Voici le point du jour marseillais.
Un taxi de nuit termine sa tournée en raccompagnant une
dame défraîchie, et en conduisant un dernier passager.

Au comptoir du café marseillais, le percolateur se prend
pour une locomotive à vapeur tractant l'Orient Expresso
à travers des paysages d'Arabica et Robusta mélangés,
alors qu'il ne fait que réchauffer
le lait d'un grand crème dégingandé.

Les premiers pêcheurs présentent le chaland, dans un dédale
de cagettes à sardines, et de filets un peu troués ; En tous
cas le poisson est bien frais et très coloré !

Et toujours, ….toujours au-dessus de nos têtes, cette sacrée
Bonne mère, qui garde un œil sur nous,
son divin bambin dans les bras.

Marseille s'éveille au point du jour….

Eau ! Oh ! Marseille !

Enfanter à Marseille, d'un petit marseillais,
ou d'une petite marseillaise Est le plus indicible bonheur
qui puisse arriver à une maman !

Tout d'abord parce que pendant neuf mois,
Le mistral, les mouettes et les cormorans,
suivent l'événement dans un concert
de bruissements, et d'attentive abnégation ;

Mais surtout parce que l'eau du Verdon ou de la Durance
alimentera le biberon du futur marseillais.

A Marseille on boit la meilleure eau du monde,
et le lait maternel est constitué de cette eau
qui coule dans les entrelas serrés des gorges du Verdon.

La Durance aussi contribue à la croissance des marseillais,
L'eau aime Marseille et Marseille aime l'eau,

Et quand le bébé grandit et qu'il crie :
« Allez l'eau aime, Allez l'O.M »,
Et bien, ne vous y trompez pas,
La Durance et le Verdon, Les mouettes et les cormorans
alliés au mistral, y sont pour quelque chose de fascinant…..

C'est que les marseillais sont constitués à 85% d'eau du
Verdon ou de La Durance, et qu'ils aiment l'eau, comme
l'eau les aime….

ALLEZ L'O.M……… !!!!

It's a rainy day in Marseille....

Tombent les cieux et les grenouilles sur la ville,
Un déluge d'eau nous rappelle qu'on ne peut pas toujours
vivre au soleil, la terre a besoin d'eau,
comme les hommes en imprègnent leurs cellules,
et à l'occasion leur 51.

Londres est jumelée à Marseille pour quelques heures,
Et la Tamise semble prendre ses quartiers en bas du Vieux port.

Hey man ! semble dire ce jamaïcain arrivé par le ferry boat,
directement de Nothing Hill.

Le carnaval de ce même quartier de Londres
se déroule sous nos yeux, aux pieds de la Bonne mère
qui n'en revient pas de prendre des allures
de Saint Paul's Cathedral !

La City ne serait pas dépaysée, mais le centre de Marseille
vit celà comme un cataclysme séculaire qui marquera
les esprits marseillais à jamais.

It's a rainy day in Marseille,
Je patauge, tu patauges, nous pataugeons,
La bourse de Londres..euh pardon de Marseille
a les pieds dans l'eau.

Sois heureux marseillais !
la purée de pois londonienne n'est pas encore pour toi,
Cet après midi le mistral balayera tout cela.

Ma palette de couleurs….

J'ai compté sur mes doigts le nombre de continents
que possédait notre terre.

J'ai compté sur ma main les couleurs des hommes
de ces mêmes territoires.

Au creux de ma main, comme au creux de ma ville,
ces couleurs se sont toutes mélangées ;

C'est normal, ma ville n'est pas une simple ville,
c'est un continent, et même cinq continents à la fois.

Un esquimau pourrait y pêcher la baleine,
que ça ne me dépayserait pas ;

Un hindou pourrait y entamer ses ablutions,
Pour les finir à Bombay, que je n'en serais pas ébaubi.

Ma palette de couleur est unique au monde, et je ne compte
pas la céder…même pas un tube de gouache, pas un pastel,
à qui que ce soit :

Elle reste à Marseille avec moi….

Petite planète bleue,

Je me suis propulsé aux confins de l'univers,
Aux commandes d'une machine
bien plus véloce que la lumière,
Afin de mieux voir de loin notre terre.

Elle m'est apparue telle une goutte d'eau,
dans un désert universel,
parcouru par les étoiles scintillantes, et d'arides météorites.

Je l'aie vue s'évaporer,
rayonner son énergie au delà de l'atmosphère,
Ne plus arriver à colmater les fuites d'ozone,
S'épuiser à nourrir tout son monde,
Et ne recevoir que déchets et ingratitude en retour.

Petite planète bleue,
Gigantesque aux yeux de ces petits êtres dits humains,
Petite goutte d'eau qui ruisselle,
suspendue aux confins de l'univers,
Absorbée de l'intérieur par des êtres inconscients
d'avoir été élus pour vivre en ton sein.

Ne t'évapores pas ainsi, petite goutte bleue,
Il n'y en a pas deux pareilles à toi.

Ma fille adorée,

J'ai rêvé d'être le père d'une ado, un peu fluo, mais pas trop ;
Un peu mi chou mi chèvre, mais pas trop,

Qui casse parfois la vaisselle, mais pas trop,
Et m'envoie dinguer au moins une fois par jour, c'est déjà trop.

J'ai rêvé d'une petite fille bien sage,
Avec des nœuds dans les cheveux,
Et des jupes bien plissées,
Qui fasse la grimace à son miroir,
Et tire les cheveux aux garçons prétentieux.

Je suis un père heureux,
J'ai eu ces deux filles là, en une seule,
Tu es devenue une femme, voilà quelques temps maintenant.

Une feuille blanche.

Une feuille blanche s'est offerte à moi,
De sa blanche candeur,
Et de son teint flagada.

Une envie de lui écrire une lettre,
Ou quelques mots,
Pour lui redonner des couleurs,
Et l'inviter à prendre un train vers des hauteurs enneigées.

Tant d'érudits ayant su mieux
que moi raviver les couleurs de la vie,
Par tant de récits pleins d'émoi.
Je ne sais si ma main peut prétendre à frôler
Ta peau de papier japonais, par l'entremise,
D'un simple stylo ou d'une plume d'oie ;

Mais sache que ce néant blanc m'appelle de ses vœux
A narrer un récit, ou la simple histoire d'une main qui écrit.
La volupté des mots et la liberté de penser guident ma plume,
Vers des entrechats dignes des petits rats de l'opéra.

Voilà, tu n'es plus blanche maintenant.

L’arbre de vie.

C’est un arbre de vie, noueux comme un pied de vigne,
Qui prend ses racines dans la terre de nos ancêtres,
Dans le regard de nos anciens.

La sagesse de leurs paroles, un soir de veillée,
Ou lors d’une promenade, un de ces dimanches ensoleillé.
Chaque ride a été sculptée par les joies et les épreuves,
Le labeur et la sueur.

Ces petits vieux sur ce banc de pierre radotent bien un peu
Des histoires du temps jadis,…
Mais ils font ainsi revivre les pierres et leur patrie.

Leurs pensées font des aller-retour entre leur jeunesse
Et leur futur déjà bien entamé.

L’arbre de vie ressemble à un olivier tortueux,
Mais solidement enraciné dans la terre de nos ancêtres.

Les pousses de printemps garderont en eux
la marque des ancêtres,
Et de cet arbre de vie.

SOMMAIRE.

Imprimé en France

Dépôt légal 1er trimestre 2007
ISBN 2-916557-17-2
EAN 9782916557175

Achevé d'imprimer sur les presses de
Centre Litteraire d'Impression Provençal
Artizanord N°203
42, bd de la Padouane -13015 Marseille
Tél. 04 91 65 05 01 - www imprimerie-clip.com
N° d'impression 061101xx